Sammlung von Instruktionen

der königlich sächsischen Armee

1810 -1815 (Teil III)

herausgegeben von Jörg Titze

Beiträge zur sächsischen Militärgeschichte
zwischen 1793 und 1813

Heft 31

———

X. Vorschrift zum Auseinandergehen in die ausgedehnte Ordnung *(März 1814)*

Wird rechts auseinander gegangen, so bleiben gleich die beiden Mann des 1sten Gliedes vom linken Flügel stehen, nach 5 Schritt bleiben die beiden Mann des 2ten Gliedes, und nach 10 Schritt die des 3ten Gliedes stehen, und so bleiben wieder die beiden Mann des 1sten Gliedes der nächsten Doppelrotte nach 15 Schritten halten pp. Es bleiben also immer die beiden einander secundirenden Mann zusammen, und es tritt nachdem sie gehalten und Front gemacht No. 1 ins erste Glied und No. 2 ins zweyte Glied rechts über.

Wird links auseinander gegangen so bleiben die beiden Mann des 3ten Gliedes zuerst stehen, dann nach 5 Schritt die des 2ten Gliedes und die des 1sten Gliedes zuletzt.

Nach dem Auseinandergehen steht also Alles so wie die zeitherige Methode es hervorbrachte, und es bleibt daher das Sammeln unverändert.

———

Sammlung von Instruktionen der königlich sächsischen Armee 1810 -1815

(Teil III)

Die Deutsche Bibliothek verzeichnet diese Publikation in der Deutschen Nationalbibliographie; detaillierte bibliographische Daten sind im Internet über http://dnb.ddb.de abrufbar.

Die Deutsche Bibliothek – CIP – Einheitsaufnahme

Jörg Titze (Hrsg.) – Sammlung von Instruktionen der königlich sächsischen Armee 1810 – 1815 (Teil III)

ISBN 978-3-7537-5870-5

© 2014 Jörg Titze

Herstellung und Verlag:
BoD - Books on Demand, Norderstedt

Einleitung

Diese Sammlung enthält folgende Vorschriften:

I. Abänderungen im Wachtdienst und einige andere, welche sogleich einzuführen sind vom 09.05.1810 **(S.7)**

II. Handgriffe zum Wachtdienst, zur Chargierung, zum Bajonettaufpflanzen und Bajonettabziehen sowie zum Bajonettfällen für die Division Zeschau vom 19.05.1810 **(S.11)**

III. Anfragen über die Berichtigung und Zusätze des Exercir-Reglements / Juni 1810 **(S.17)**

IV. Zwei Vorschriften zum Debandieren der Linieninfanterie vom 08. und 11.11.1810 (S.25) nebst Nachtrag vom 15.11.1810 **(S.29)**

V. Streichung zu § 144 der Zusätze vom 06.02.1811 **(S.30)**

VI. Reduzierung einer Marschkolonne von drei auf zwei Glieder vom 22.05.1811 **(S.31)**

VII. Änderungen zum Exerzierreglement der Infanterie vom 15.01.1814 **(S.33)**

VIII. Anweisung zur Ladung und Chargirung mit Gewehren ohne cylindrische Ladestöcke und ohne conische Zündlöcher vom 09.02.1814 **(S.36)**

IX. Vorschrift nach welcher bei dem 5ten und 6ten Regiment der Sächsischen Landwehr das Tiraillieren anzuweisen ist vom 24.02.1814 **(S.46)**

X. Vorschrift zum Auseinandergehen in die ausgedehnte Ordnung vom März 1814 **(S.2)**

Die Vorschriften I, II; III und IV stammen aus der Ordre-Akte für das Infanterie-Regiment Prinz Clemens (HStA Dresden 11 340 Nr.195).

Die Vorschriften V und VI stammen aus den Ordre-Akten der leichten Infanterie (HStA Dresden 11 340 Nr. 443).

Die Vorschriften VII und VIII stammen aus dem Ordrebuch des 3ten Bataillons vom 2ten Landwehr-Regiment (HStA Dresden 11340 Nr. 497). Die Vorschrift VIII lag mir in einer Anweisung vom 09.02.1814 für die Landwehr vor. Sie wurde bereits vorher für die Linien-Infanterie erlassen, ohne dass sich bisher das erste Erlassdatum hat herausfinden lassen.

Die Vorschriften IX und X stammen aus dem Ordrebuch des 2ten Meißner Landwehr-Bataillons (HStA Dresden 11 340 Nr.498).

I. Abänderungen im Wachtdienst und einige andere, welche sogleich einzuführen sind.

1.

Bei den Schwenkungen mit ungleichen Zügen, wird von ieden Zugs Kommandanten, wenn solche vollbracht sind, **Halt!** kommandirt.

2.

Bei allen Schwenkungen, auch bei denen im Marsche, machen die stehenden Flügelleute, die im Marsche sonst schraubten, die Viertels-Wendungen entweder rechts oder links.

3.

Die Gefreyten zum Aufführen, marschiren gleich ab, indem sie nach **Aufgepasst** des Adjutanten, wenn von allen die Posten verlesen worden sind, ohne daß ein Zeichen gegeben wird, **Rechtsum_kehrt** gemacht haben.

4.

Die Fahnenpost steht mit geschultertem Gewehr.

5.

Die Wachen schultern sogleich ohne Commando abzuwarten, wenn **Heraus** gerufen worden ist, und sie ins Gewehr treten.

6.

Bei den Praesentiren wird nicht eingeknippt, sondern die Finger liegen über der Dünnung.

7.

Die Köpfe sind sowohl auf der Stelle als im Front und Colonnen Marsch grade aus – wenn geschwenkt werden soll, so werden sie auf **Augen rechts! links!** dahin gewendet und Fühlung dahin genommen, und nach **Grad aus!** – gehen sie wieder grad aus.

8.

Daß die Soldaten wenn sie bei einem Offizier nahe vorbei gehen, die Fronte nach demselben machen und mit Anstand an den Huth oder Tschako greifen.

9.

Bei dem Marsch en Colonne geöffnet oder geschloßen, tritt der Offizier allemal auf die Aufmarschlinie und ieder Zugs Kommandant, kommandirt Fühlung rechts oder links.

10.

Die Größe des Paradeschrittes ist 1 Elle.

11.

Nach dem Visitiren einer Kompagnie oder Trupps, werden die Glieder geschloßen und die Rotten voll gemacht.

12.

Auch die Plotons Kommandanten theilen ihre Pelotons selbst in Sections.

13.

Wenn Unteroffiziers halbe Divisions oder Züge führen, und mit der Wendung marschirt wird, so tritt der hinter sie gestandene Unteroffizier in die Lücke und der Zugskommandant schließt sich an ihn und <u>nicht</u> wie bisher an die 1ste Rotte an.

14.

Bei dem Rückwärts richten, bleibt statt auf Fronte auf Rechtsum kehrt die Mannschaft stehen – und nachdem die Offiziers eingerichtet, oder die Jalonneurs, rücken sie auf **rechts** oder **links richt euch! ein.**

15.

Gewehr über wird nur genommen, wenn es kommandirt wird.

16.

Bei dem Exerziren selten schlagen oder blasen laßen.

17.

Bei allen Aufmärschen aus der Colonne richtet sich 1 Unteroffizier auf den entgegengesetzten Flügel des Zuges in die Linie der Jalonneurs ein.

18.

Ein Abmarsch oder Formirung einer geöffneten Colonne auf der Frontlinie.

Habt acht! Formirt die Colonne rechts! /: links! :/

1ste /: 8te halbe Division :/ bleibt stehen.

Bataillon rechts /: links ./ um.

In halben Divisions rechts /: links ./ abschwenken! Marsch!

Die Züge treten im Geschwindschritt an, und brechen rechtwinklig aus.

Der Zugs Kommandant der 1sten halben Division tritt auf den linken Flügel, die übrigen machen, wenn der Abmarsch rechts ist, Rechtsum kehrt.

Halt! Links /:Rechts:/ um! Augen links! /:rechts:/

Nun kann rechts vorwärts, auch vom rechten /: linken :/ Flügel und im Gegentheil abmarschirt werden.

Bey einem Aufmarsch gehen die Zugs Kommandanten außerhalb der Jalonneurs.

Diese Punkte sind den Instruktions Unteroffiziers mitzutheilen, damit sie selbige bei Ausarbeitung der Rekruten in Ausübung bringen können.

Eilenburg, am 9n May 1810

de Steindel
Gen. Maj. und Brig.

II. Handgriffe zum Wachtdienst, zur Chargierung, zum Bajonettaufpflanzen und Bajonettabziehen sowie zum Bajonettfällen für die Division Zeschau

Dresden, den 19. May 1810

A) Handgriffe zum Wachtdienst

Diese schränken sich blos auf folgende 4 Nummern ein:

1. Praesentirts – G'wehr!
2. Schulterts – G'wehr!
3. G'wehr beim – Fuß!
4. Streckts – G'wehr!

Auch werden solche angewiesen, wie es zeithero nach den zuletzt über diesen Gegenstand gegebenen Ordres vorgeschrieben ist.

Das Erheben des Gewehrs, fällt, wie bereits befohlen ist, weg, weil die Mannschaft beim ins Gewehrtreten, selbiges sogleich schultern soll.

Desgleichen werden, wie auch bereits Ordre ertheilt ist, die Fahnen Tempos nicht mehr angewiesen, indem jede Schildwacht mit geschultertem Gewehr steht.

B) Handgriffe zur Chargirung

1. Auf das Commando Wort

Ladt!

wird alles so gemacht, wie es das Reglement vorschreibt, nur ist dabei zu bemerken, daß, da das Kuppel iezt über die rechte Schulter hängend getragen wird, die Bestimmung der Lage des Gewehrs an der linken Seite, dahin berichtiget werden muß, daß die linke Hand das Gewehr an den Obertheil des Schenkels andrücke, und der linke Arm etwas gekrümmt sey. Jeder Mann muß in den Lauf sehen können.

2. Fertig!

Im ersten Gliede bleibt alles unverändert.

Im 2ten Gliede wird festgesetzt, daß der Mann beim Fertigmachen die 8^{tels} Wendung rechts macht, und den rechten Fuß dergestalt dicht hinter den linken setzt, daß die Camaschenstrippe des rechten Fußes, den hinteren Theil des Schuabsatzes des linken Fußes berühre. Ferner muß die linke Hand das Gewehr am 4ten Bunde, oder 2 Querhände von der Pfannfeder – ohne Anlegung des Daumens – umfaßen, welchen Theil des Gewehrs, die linke Hand auch beim Anschlagen nicht verläßt.

Im 3ten Gliede macht der Mann ebenfalls beim Fertigmachen die 8^{tels} Wendung, setzt aber den rechten Fuß rechts rückwärts hinter den linken

Fuß des rechten Nebenmannes, um desto bequemer anschlagen zu können. Die Laage der linken Hand ist wie bei dem Manne im 2ten Glied. Da das Ziel nicht gut genommen werden kann, wenn das Gewehr beim Anschlagen links gewendet wird, so soll dies künftig unterlaßen werden.

3.   An!

Dadurch das der Mann beim Fertigmachen die 8^{tels} Wendung rechts macht, erlangt er die bereits zum Anschlagen erforderliche Stellung, und die Erfahrung lehrt, daß der Anschlag fester und sicherer ist, wenn der Ellbogen etwas gekrümmt wird, auch durch das Auffangen des Gewehrs von der linken Hand, die horizontale Laage verlohren geht, so wird hier die Vorschrift ertheilt, daß der linke Ellbogen beim Anschlage gekrümmt sei, und die linke Hand den Theil des Gewehres halb umfaßt behalte, den sie beim Fertigmachen vollkommen umfaßt hält, wie es hier unter No.2 aufgestellt worden ist.

4.   Feuer!

Bleibt alles, wie es das Reglement besagt.

5.   G'laden!

Wie es das Reglement, und die über diesen Gegenstand erhaltenen Exerzir Ordres vorschreiben.

6. Hahn in die Ruh! – Schultert!

Während daß der Mann im 2^n und 3^n Gliede den Hahn in die Ruhe setzt, herstellt er zugleich die Front mit Beisetzung des rechten Fußes, gleich dem Manne im 1sten Gliede. Der Mannschaft muß Zeit hierzu gelaßen werden und erst, wenn alles ruhig ist, wird Schultert! kommandirt, welches mit einem derben Schlag an den Kolben von der Mannschaft ausgeführt werden muß.

C) Handgriffe zum Bajonetfällen

Diese Griffe bleiben, wie es im Reglement vorgeschrieben ist, doch muß hierbei noch auf folgende wesentliche Dinge Rücksicht genommen werden:

a) daß das Gewehr mit der rechten Hand, so weit als möglich vorgeschoben, und zu mehrerer Festigkeit der rechte Vorderarm an der flachen Seite des Gewehrs fest angeschlagen werde.

b) das Gewehr darf keine ganz horizontale Laage haben, vielmehr muß der vordere Theil des Gewehrs mit dem Bajonette etwas erhoben sein. Die Gewehre müßen möglichst ein und dieselbe Laage haben, und ieder Mann im Gliede, nimmt dazu die Richtung zum rechten Flügel her.

c) Der rechte Fuß muß nicht gerade zurück, wohl aber rechts seitwärts etwas zurück gesetzt werden, der linke Fuß aber bleibt unbeweglich, wodurch die Stellung des Mannes an Festigkeit gewinnt.

D) Zum Bajonetaufpflanzen und Abziehen

1. Bajonet_auf!

Auf die lezte Sylbe wird das Gewehr zur Seite herunter gebracht, so wie bei der Ladung. Hierauf zieht der Mann im Gliede sein Bajonet aus der Scheide, pflanzt es ohne weiteren Aufenthalt auf das Gewehr, und schultert ohne Commando, indem die linke Hand das Gewehr in die Höhe bringt, die rechte dicht über das Schloß greift, und die linke wiederum mit einem derben Schlage die Kolbe ergeift, um das Gewehr in die vorgeschriebene Laage zu bringen.

2. Bajonetter_ab!

Es wird hier auf die nemliche Art verfahren, wie beim Aufpflanzen des Bajonets. Ist das Gewehr an die linke Seite herunter gebracht, so nimmt der Mann sein Bajonet ab, steckt es in die Scheide und schultert sein Gewehr wie eben vorgeschrieben worden.

Es sind hiernächst noch dem Soldaten die Griffe anzuweisen, welche er als Gefreyter zum Anmelden, wenn er in einem Zimmer meldet, zu machen hat. Ein solcher Gefreiter führt sein Gewehr hoch im rechten Arm, und nachdem er die Meldung gemacht, oder den schriftlichen Rapport überreicht hat, nimmt er das Gewehr beim Fuß, in der nämliche Maase, wie es der Unteroffizier aus hoch im rechten Arm, praesentirt. Die rechte Hand ergreift die Mündung. Wenn der Gefreite den Befehl bekommt, wieder abzugehen, so nimmt er das Gewehr hoch in rechten Arm, und wendet sich zunächst nach der Thür.

Der Gefreyte vom Aufführen – mit einem Worte alle Soldaten, welche einen bewaffneten Trupp anführen – haben das Gewehr hoch im rechten Arm, und behalten es auch in dieser Laage, wenn sie die Ablösungen der Schildwachen kommandiren.

Wenn der Wacht Commandant commandirt:

Gefreyten_Marsch!

rücken sie mit dem Gewehr hoch im rechten Arm vor, und stellen sich auf Front! nach der Wachtmannschaft nehmend. Wird ihnen der Befehl zum Abmarsch gegeben, so macht jeder Gefreyte für sich rechtsum kehrt, und commandirt

Vorwärts_Marsch

Zeschau

III. Anfragen über die Berichtigung und Zusätze des Exercir-Reglements / Juni 1810

1.

Wenn in einem Bataillon sich vielleicht nur einige halbe Divisionen befinden, welche nur 15 Rotten stark sind, die übrigen aber die Stärke von 16 Rotten haben. Darf in diesem Falle die Eintheilung in Plotons stattfinden?

Ad 1) Ja! Es kann gesattet werden.

2.

Bei dem Rottenfeuer, welches zur Vertheidigung einer Verschanzung gemacht wird, muß doch ein jeder Mann sein Gewehr selber laden?

Ad 2) Ja! Es sey denn, daß man das 3te Glied zur Reserve, unten am Banket habe stehen laßen.

3.

Ad. pag. 49 muß der mittelste Jalonneur bei Aufmärschen zu Bezeichnung der Mitte, jederzeit ins Alignement treten?

Ad 3) Ja! Um nicht zweyerley Ideen in derselben Sache zu haben. Bei succeßiven Aufmärschen mit Ziehen tritt derselbe jedoch sogleich wieder ab, wenn der Unteroffizier des mittelsten Zugs in der Richtungslinie ankommt.

4.

Ad. pag 52 § 10. Darf vor dem Kommandowort KEHRT! der Truppe ein Avertissement zur Rückwärtsrichtung gegeben werden? Damit das darauf folgende Kommando ZUGSKOMMAN-DANTEN! RECHTS! und FRONT! nicht so unerwartet kommt?

Ad 4) Scheint unnöthig zu seyn; doch kann man nach RECHTS UM – KEHRT! dennoch avertiren GESCHWINDSCHRITT! Man hat bei der Ausübung keine Schwierigkeit gefunden.

5.

Ad. pag. 57 § 16. Der Ausarbeitungsunterricht pag. 22 befiehlt zwar bei iedem Antritt des Marsches den Schritt zu benennen und vorwärts zu kommandiren, woran jedoch hier nicht gedacht wird. Findet daher jenes etwa nur bei der Ausrichtung statt?

Ad 5) Das Avertißement VORWÄRTS! möchte in einer Linie nicht Allemal anwendbar seyn; doch ist es unbenommen, es als Hülfe zu gebrauchen, wo es angeht.

6.

Marschirt die tägliche Wachtparade in Paradeschritt ab, oder ist solches willkührlich?

Ad 6) Gewöhnlich im Ordinärschritt, wenn es nicht ausdrücklich anders befohlen wird.

7.

Ad. pag. 61 § 31. Kann nicht mit halben Divisionen gezogen werden, wenn deren Stärke die Eintheilung in Plotons nicht gestattet? Es würde der Vortheil dadurch erlangt, daß die

Direktion von den halben Divisions-Kommandanten allein angegeben würde, auch das Ausschwenken blos von diesen geschehe?

Ad 7) Wenn die halbe Division nicht über 12 Rotten stark ist, kann es statt finden.

8.

Ad. pag. 69 ad 2 der darauf gezogene 192ste § paßt nicht hierauf, und dürfte wohl der 193ste gemeint seyn?

Ad 8) Ist ein Druckfehler, muß § 193 heißen.

9.

Ad. pag. 13. Wenn man das hier angeführte Beispiel auf eine Schwenkung rechts anwendet, würde sodann das 1ste und 2te Bataillon rechts oder links schwenken?

Ad 9) Das 1ste und 2te Bataillon schwenken mit halben Divisionen links, brechen durch RECHTE SCHULTER VOR! links aus, dirigiren sich perpendikulair auf die Aufmarschlinie der 8ten halben Division, das Bataillon macht Halt, links um, und die Züge werden dahin geführt, wo ihr rechter Flügel zu stehen kommen soll, woselbst sie rechts ins Alignement abschwenken.

10.

Ad. pag. 76. Rücken die Plotonskommandanten in dem Marsch mit der Wendung heraus?

Ad 10) Nein!

11.

Ad. pag. 84. Statt § 92 muß es wohl § 93 heißen. Der § 92 scheint, da derselbe keine Abänderung bedarf, versehen zu seyn?

Ad 11) Ist ein Druckfehler. Im Concepte steht:

§ 92

Beim Abmarsch links bleiben die Zugskommandanten auf ihrem rechten Flügel, wohin auch Richtung und Fühlung ist.

§ 93

Aendert sich nicht ab, und ist blos zu bemerken pp.

12.

Pag. 85 et 99. Zu Folge des abgeänderten 90sten $\S^{phen}$ dieses Abschnitts müßen wohl die Zugskommandanten der beiden linken Flügelzüge auf die linken Flügel ihrer Züge und ins 3te Glied treten, nachdem es als eine Kolonne revers anzusehen ist, wo der 8te Zug die Tete hat. Nachdem nun diese Züge hinter der Mitte resp. links und rechts gegeneinander geschwenkt haben, so würde die Fühlung nach den diesfallsigen Grundsätzen, nach den auf der Abmarschlinie sich befindenden Zugskommandanten seyn, und folglich die rechten Flügelzüge links, die linken Flügelzüge rechts sich fühlen müßen. Wenn, da aber hierdurch das Drängen oder Auseinander kommen der Züge schwer zu vermeiden seyn dürfte, insofern die Zugskommandanten nicht genau perpendikulär von der vorherigen Alignementslinie marschiren, so war die Frage: Ob die Tete-Züge d.e. 1ste und 8te halbe Division die Fühlung nach der entgegengesetzten Seite gegen Zugskommandanten, s.e. rechts und links, nehmen sollten, und die deckenden Unteroffiziere, die Führung der Züge und Erhaltung der Distance fürs Fahnen Ploton im Fall solches nicht etwa sogleich mit der 1sten und 8ten halben Divis. zurück geht, zu besorgen hätten. Wenn nun die 4te und 5te halbe Division als die Queue dieser Kolonne sich nun ebenfalls nach der Mitte fühlten, dürften die Zugskommandanten der mittleren Züge nur zwischen die von Tete und Queue eingerichtet und dirigirt werden.

Ad 12) In den Zusätzen steht:

„§ 99 bis mit 101 werden nicht abgeändert."

Man hat die Schwierigkeit ihrer Abänderung hierbei eingesehen, und hat daher diese Bewegung beibehalten wie sie war.

13.

Ad. pag. 40 § 11. Dürfte es nicht erlaubt seyn, bei dem Feuer in halben Divisionen, daß die Zugskommandanten, welche hinter der Front stehen und folglich von der Mannschaft nicht gesehen werden können, sowohl beim Kommando FERT'G als auch T'AN jedesmal den Zug benennen könnten?

Ad 13) Beym Fertigmachen wird die halbe Division benannt, z.B. 1ste 3te halbe Division FERTIG! beim T'AN! und FEUER! aber nicht.

14.

Ad. pag. 92 § 116. Wenn eine Kolonne rechts durch RECHTS_UM! Direktion verändert hat, so sollte wohl doch auch LINKS! RICHT_EUCH! kommandirt werden.

Nach den abgeänderten 115ten § dürfen also bei dieser Gelegenheit, wenn nemlich eine Kolonne rechts durch rechts um Direktion verändert hat , die Zugskommandanten nicht auf die rechten Flügel und es werden dadurch diese Züge von den deckenden Unteroffiziers geführt?

Ad 14) Man kann mit einer Kolonne, sie sey rechts oder links formirt, die Direktion sowohl rechts als links verändern. Ist sie rechts formirt, so wird

LINKS – RICHT EUCH!

Ist sie links formirt

RECHTS – RICHT EUCH!

kommandirt, die Direktionsveränderung gehe wohin es sey.

15.

Pag. 93 § 121. Würde der Zugskommandant wenn derselbe stehen bleibt, seinen mit der 8^{tel} Wendung marschirenden Zug nicht im Wege seyn?

Ad 15) Man binde sich hier nicht sclavisch an den Buchstaben. Der Offizier oder der Zugskommandant muß allerdings rückwärts weichen, seinen Zug immer vor Augen habend, und wenn der linke Flügel desselben mit ihm in gleicher Höhe kommt, so kommandirt er LINKS! Zu Herstellung der Front und begiebt sich auf diesen seinen linken Flügel.

16.

Ad. pag. 114 § 178 et 179 nach abgeänderten Druckfehler. Sollen bei einer links abmarschirten Kolonne die Unteroffiziers vom linken Flügel zur Bezeichnung des Alignements vortreten?

Ad 16) Nein! Es ist unnöthig.

17.

Ad. pag. 132 § 249. Wie geschieht der Aufmarsch der Tete und Queue eines abgebrochenen Quarrees? Soll derjenige Theil der Queue welcher mit der Wendung marschirt durch den Rottenaufmarsch rechts und links aufmarschiren, so dürften diese aufmarschirenden Theile mit den beiden mittelsten en Front marschirenden Sectionen nicht allemal paßen und allignirt seyn.

Ad 17) Durch den Rottenaufmarsch. Es ist blos nöthig daß der Kommandant der Queue gehörig beobachtet den Aufmarsch nicht eher zu kommandiren, bis die Flanken sich hinlänglich auseinander gezogen haben, damit kein Drängen entsteht und die Verbindung der Queue mit den Flanken nicht unterbrochen wird.

18.

Die Ordre vom 5ten April 1808, nach welcher das Gewehr bei verschiedenen Gelegenheiten auch ohne Kommandowort über genommen wird, findet doch wohl in keinem Stück eine Anwendung?

Ad 18) Jene Ordre ist aufgehoben und nichts davon ist beibehalten, was das Reglement und die Zusätze nicht ausdrücklich besagen.

19.

Wenn Aufmärsche und Kolonnenformirungen laufend vollzogen werden sollten, darf hierzu wohl das Avertissement

LAUFEND MARSCH! MARSCH!

gegeben werden? Und darf hierbei ohne weiteres Kommandowort das Gewehr zur Seite rechts genommen werden?

Ad 19) Das Kommandowort MARSCH! MARSCH! folgt, wenn zuvor das Avertissement

LAUFEND

gegeben ist. Auf Marsch! Marsch! wird das Gewehr zur Seite rechts genommen.

Hiernächst sind folgende Druckfehler aufgestoßen

Pag. 151 letzte Zeile, statt 11ten Abschnitt muß es heißen 6ter Abschnitt

Pag. 156 dritte Zeile von oben §32 muß es heißen §52

IV. Zwei Vorschriften zum Debandieren der Linieninfanterie vom 08. und 11.11.1810

1.) Ueber das Abnehmen und Aufpflanzen des Bajonetts beim Debandieren

Eilenburg, den 8 Novbr: 1810

Um eine vollkommene Gleichförmigkeit bey dem Tirailliren zu bewirken, finde ich für nöthig zu bestimmen, daß Reglement für die leichte Infanterie pag: 23 §.13. ad f. das Aufpflanzen des Bajonets erstlich auf den Sammelplatz erfolgt. Sobald eine Linie in die ausgedehnte Ordnung übergeht nimmt sie zuvor auf das Kommando

Auseinander

und indem sie die Wendung dahin macht, wohin sie sich debandiren soll, das Bajonet ab, und dann das Gewehr zur Seite rechts.

Wenn die Schützen hinter den halben Divisions eingetheilt sind, so behalten selbige das Gewehr hoch im rechten Arm, wenn es der Linieninfanterist während des Marsches in Arm nimmt.

de Steindel
Gen. Maj. u. Brig.

An
den Hr. Obersten v. Mellentin
Hochwohlgebr:

2.) Ueber das Debandiren und Sammeln mit einem Zuge von 3 Gliedern

Eilenburg, den 11 Novbr: 1810

Ueber das Debandiren und Sammeln mit einem Zuge von 3 Gliedern, da dieses mit Schwierigkeiten verknüpft und zu Verschiedenheiten in der Idee und Ausführung Anlaß geben könnte, finde ich für gut Ew: Hochwohlgebr: nachfolgendes hierüber mitzutheilen.

Auf das Kommando:

Aus der Mitte auseinander!

macht alles von der Mitte des Ganzen angerechnet Rechts und Links_um, und das Bajonet wird abgezogen, das Gewehr zur Seite rechts genommen, auf

Marsch! Marsch!

wird laufend angetreten ausgenommen die 2 Rotten in der Mitte, nehmlich wenn das Ganze in 2 halbe Divisions oder Züge getheilt wäre die ersten zwey Rotten der 2ten halben Division, die aber der Gleichheit wegen, auch mit links_um gemacht haben, dann aber auf Marsch! Marsch! gleich wieder Rechtsumkehrt machen und links auf den mittelsten Mann der ungeraden Rotte, der den Pivot macht, schwenken, so daß sich No:1 des 1sten Gliedes etwas zurück von ihm ziehet, so wie No:1 des 3ten Gliedes vorwärts und die Zweyen oder die 2te Rotte zieht sich hinter solche

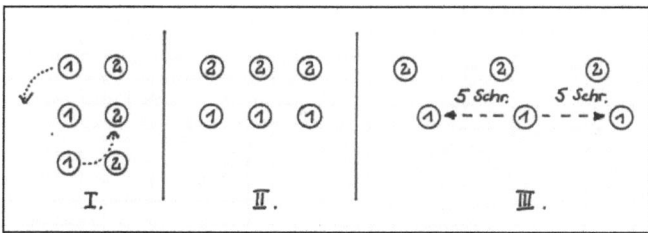

und debandiren sich dergestalt, daß der den Pivot rechts stehende Mann 5 Schritt rechtsseitwärts, und der denselben links stehende 5 Schritt links macht, der Pivot aber stehen bleibt, - die 2 geraden Nummern folgen ihren Vorleuten, so daß sie rechts seitwärts hinter sie, wie die Vorschrift es besagt zu stehen kommen.

Die rechts und links stehenden nächsten Doppel-Rotten verhalten sich wie es das Reglement der leichten Infanterie besagt, nur daß sie nur 10 Schritt rechts und links seitwärts laufen. Die andern über sie stehenden Doppel-Rotten aber 15 Schritt.

Zum Verständnis über das Debandiren: In diesem Fall, daß sie sich links debandiren, wenn sie ihre 15 Schritt und dann Rechtumkehrt gemacht, links geschwenkt haben, es dergestalt ausführen, daß die No.1 des 1sten Gliedes vom Platze aus links nur 10 Schritte, die No.1 des 2ten Gliedes dieser folgt, und nur 5 Schritt macht, No.1 des 3ten Gliedes aber stehen bleibt, die geraden Rotten oder die Zweyen folgen ihren Vordermännern wie bekannt.

Vom Sammeln

Die sich links sammeln laufen links nach No.1 des 1sten Gliedes und formiren ihre 2 Rotten, die sich rechts sammeln, läuft No.1 des 1sten Gliedes rechts nach No.1 des 2ten Gliedes, macht Rechts um und hängt sich an diese an, und folgt bis zu No.1 des 3ten Gliedes, die sich an beide anschließt, die gerade Rotte folgt der Ungeraden, so daß sie wieder die 2 Rotten formiren und dann sich in halbe Divisions sammeln, die Rotte auf die gesammelt wird, formirt sich auf der Stelle, macht Front und pflanzt das Bajonett auf. Gerichtet wird allemal nach den Punkt auf welchen sich gesammelt wird, so wie von den Flügel oder Punkt aus, die Richtung genommen wird, von den auf debandirt wird. Die da stehenden Offiziers geben die Hülfe.

Grundsatz ist es, daß allemal in ½ Divisions, wenn nemlich mehr als ein Zug ist, gesammelt wird, allein dieses kann geschehen nach der Mitte, und da wird das Signal Zusammen! gegeben, wenn es aber nach einen Flügel geschehen soll: vorher Rechts! oder Links! und dann **Zusammen!** Wenn die ½ Divisions nun sich gesammelt haben, und zusammen rücken sollen, wird wieder das Signal gegeben: **Zusammen!** wenn nach der Mitte gesammelt werden soll: wenn es aber nach einem Flügel geschehen soll, zuvor **Rechts!** oder **Links!**

In denen über das Reglement erhaltenen und berichtigten Druckfehlern ist ein Zusatz befindlich, der zu pag. 13 am Schluß derselben, des Reglements der leichten Infanterie gehört, und der zur Erläuterung dient und so schließt:

„Desgleichen wenn aus der Mitte debandirt wird, soll die mittelste Doppelrotte ohne erst rechts Terrain zu gewinnen, sich auf der Stelle in 2 Glieder formiren, und die links zunächst befindliche Doppelrotte nur um so viel links zurücken, als Raum erforderlich ist, um die Formirung in 2 Glieder zu bewerkstelligen."

de Steindel
Gen. Maj. u. Brig.

Nachtrag

Das Debandiren aus der Mitte einer Abtheilung die in 3 Glieder rangirt ist, habe ich dahin abgeändert: daß die 2 Rotten in der Mitte in der Fronte stehen bleiben, und keine Wendung und Schwenkung machen; sondern wenn nach dem Commando:

Aus der Mitte Auseinander – Marsch! Marsch!

erfolgt ist, sich nach der No.1 des 2ten Gliedes in 2 Gliedern formiren, und rechts und links sich auseinander ziehen. Die ungeraden Nummern kommen ins 1ste und die geraden ins 2te Glied

den 15. Novbr. 1810

de Steindel
Gen. Maj. u. Brig.

ಐ ✸ ಐ

V. Streichung zu § 144 der Zusätze

Zeitz am 6. Februar 1811

Da die Stelle in den Zusätzen zum Exerzir-Reglement 1804 pag. 107 § 144

„die Zugskommandanten brauchen sich nach der Schwenkung nicht auf ihre linken Flügel zu begeben"

leicht zu einem Irrthum führen könnte; so haben der Herr Divisions-General die Wegstreichung derselben für nothwendig erachtet und in Ordre vom 3. d.M. anbefohlen.

Ew. Hochwohlgebr: ersuche ich demnach, Dero unterhabendes Regiment dieserhalb gefälligst anzuweisen.

von Sahr
General Major

    An
den Herrn Major von Egidy
  Hochwohlgebr.

VI. Reduzierung einer Marschkolonne von drei auf zwei Glieder

Dresden am 22. May 1811

Es treten auf Märschen Fälle ein, wo es vortheilhaft ist, nur in zwei Gliedern zu marschiren. Bei solchen Gelegenheiten muß die Mannschaft des 2ten Gliedes links und rechts in das 1ste und 3te Glied einrücken. Zur Ausführung wird folgende Vorschrift gegeben. Es wird angenommen, daß sich eine Kompagnie mit Rechts_um im Marsche befindet.

Das Kommandowort hierzu ist:

2tes Glied! Links und rechts eingerückt!_Marsch!

Auf das Wort: eingerückt! öffnen sich die Rotten um die Hälfte der gewöhnlichen Distanzen, und auf: Marsch! geschieht die Einrückung des 2ten Gliedes; und zwar rückt die Mannschaft aller ungeraden Rotten links in das 1ste Glied ein, dergestalt daß jeder Mann hinter seinen zeitherigen Vordermann zu stehen kommt; die Mannschaft aller geraden Rotten rückt dagegen rechts in das 3te Glied, so daß jeder Mann seinen zeitherigen Hintermann vor sich hat.

Da nur zwei und zwei Mann des 1sten u. 3ten Gliedes einen Mann des 2ten Gliedes aufnehmen, so müßen daher auch jene 2 Mann ununterbrochen beisammen bleiben, damit sich die Kolonne nicht zur Ungebühr verlängere. Es ist daher stets darauf zu halten, daß nach der Einrückung des 2ten Gliedes die zufällig entstandenen Oeffnungen wieder geschloßen werden. Ist die Kompagnie oder das Bataillon mit Links-um im Marsch; so ist das Verfahren ganz gleich; es wird jedoch kommandirt:

2tes Glied! Rechts und links eingerückt!_Marsch!

Das Rechts! gilt der Mannschaft der ungeraden Rotten, und das Links! der Mannschaft der geraden Rotten.

Zur Herstellung des 2ten Gliedes wird kommndirt:

Drey Glieder formirt! 2tes Glied!_Eingerückt!

Die Mannschaft dieses Gliedes rückt hierauf neben den bisherigen Vorderleuten nach der Mitte zu vor, und die Rotten schließen sich ohne Aufenthalt bis zur gewöhnlichen Distanz; die Tete muß daher in den eingezogenen Schritt fallen.

Das Einrücken des 2ten Gliedes, so wie auch die Wiederherstellung dieses Gliedes geschiehet während des Marsches.

Ew. Hochwohlgebr: ersuche ich zu verfügen, daß in den Regimentern Ihrer unterhabenden Brigade diesem gemäß die Anweisung geschehe.

von Lecoq

An
den Herrn Generalmajor und
Brigadier von Sahr

୫୦ ✱ ୡଃ

VII. Änderungen zum Exerzierreglement der Infanterie

Lippstadt, den 15ten Jan. 1814

1.) Außer der Formirung der Angriffs-Colonne, wie solche die Zusätze zum Exerzier-Reglement 1804 pag. 141 § 260 festsetzen, ist auch die geschloßene Angriffs-Colonne einzuüben. Die Commandowörter sind die nehmlichen, und daß statt: **Formirt die Angriffs-Colonne! Formirt die Angriffs-Colonne geschlossen!** zu commandiren ist. Hierinnen liegt das Avertissement, daß auf **Marsch!** die Colonne sich geschloßen formiren soll.

Sogleich nach erfolgter Formirung der geschloßenen Angriffs-Colonne treten auf die äußern Flügel zwischen die ½ Divisionen in die Linie der schließenden Unteroffiziers oder Gefreite, ingleichen zwischen die 1ste und 8te halbe Division 9 Unteroffiziers oder Gefreite in 3

Glieder formirt. Wird nun dergleichen Colonne mit einem Angriff bedroht, so wird commandirt:

Formirt die Colonne_zur Vertheidigung!

worauf die drei rechten Flügelrotten der 2ten und 3ten halben Division Rechts um, und die von der 6ten und 7ten halben Division Links um machen. Die auf die Flügel der halben Divisionen in die Linie der Schließenden gestellten Unteroffiziers machen Rechts oder Links um nach Verhältniß, ob sie auf den rechten oder linken Flügel eingetheilt stehen. Die 1ste und 8te halbe Division machen auf das Commando ihres Zugs-Commandanten Rechtsum kehrt. Die zwischen diesen 2 halben Divisionen eingestellten 9 Unteroffiziers folgen dieser Bewegung. Diese 2 halben Divisionen treten zum Rückwärts-Chargieren durch. Soll die Front der Rotten, welche die Wendung und der halben Divisionen welche Rechtsum kehrt gemacht haben, hergestellt werden, so erfolgt dieses zu gleicher Zeit auf das Commandowort:

Front!

2.) Die Eintheilung in Sectionen findet fernerhin nicht mehr nach den Zusätzen, sondern nach den im Exerzier-Reglement 1804 pag. 122 befindlichen Tabellen statt. Ist die Truppe in Plotons eingtheilt, so zerfällt jedes Ploton in 2 Sectionen.

3.) Bei dem Feuer fällt das erste Glied niemals mehr nieder, auch feuert das 3te Glied nicht mehr mit. Letzteres rückt auf: **Chargirt!** einen Schritt zurück und nimmt das Gewehr in Arm, ersteres aber setzt auf: **Fertig!** den rechten Fuß eine Viertel-Elle rückwärts. Auf: **Rotten! Richt euch!** greift das 3te Glied das Gewehr an und rückt einen Schritt wieder auf.

Das Rottenfeuer bleibt wie bisher, hingegen fällt das Feuer mit halben und ganzen Gliedern, so wie das bisherige Feuer auf Cavallerie weg. Das Feuer mit halben Divisionen ist in der Maaße einzuüben, daß wenn zuvor auf Chargirt die ungeraden halben Divisionen sich auf das Commando ihrer Zugs-Commandanten fertig gemacht haben, jede halbe Division feuert, sobald sie ihren Schuß mit Nutzen anbringen kann. Die halben Divisionen nehmen sich das Feuer in Divisionen ab, so daß eine halbe Division immer geladen hat, wenn die andere feuert.

4.) Sr: Durchl: der Herzog von Weimar wollen, daß die Hüthe im Freyen nicht mehr abgenommen werden, sondern daß die Bezeugung der Ehrerbietung durch Berührung der Kopfbedeckung in der vorgeschriebenen Maaße erfolge.

Der Chef des Generalstabes des 3ten deutschen
Armee-Corps Kayserl- Russ: Generalmajor

Baron Wolzogen

Für gleichlautende Abschrift
der General von Lecoq.

☜ ✹ ☞

VIII. Anweisung zur Ladung und Chargirung mit Gewehren ohne cylindrische Ladestöcke und ohne conische Zündlöcher.[1]

Eschwege, den 9n Febr. 1814

Damit eine Gleichförmigkeit in der Ladung und Chargirung mit Gewehren ohne cylindrische Ladestöcke, und ohne conische Zündlöcher bey dem, unter Ew. Hochwohlgebr: Befehlen stehenden Bataillon statt finde, so ertheile ich Ihnen eine Anweisung hierzu, welche bereits schon früher an die Infanterie[2] gegeben worden ist, und ich veranlaße Sie hiermit beim Exerziren solches in der Maaße anzuweisen, wie es nachstehende Vorschrift besagt.

Brause Genmaj.

An
den Herrn Major
von Römer[3]
Hochwohlgebr:

---

[1] Zum besseren Verständnis sind in die genannte Instruktion die Vorschriften zur Ausbildung des neuen Mannes von 1810 in kursiver Schrift (hier Reglement genannt) eingefügt.
[2] Wieviel derartige Gewehre die Linien-Infanterie führte, hat sich nicht bisher ermitteln lassen (sie erhielt aber Anfang 1814 mindestens 2000 Stück frz. Gewehre). Die Landwehr war vollständig mit solchen Gewehren (französische und österreichische Modelle) ausgerüstet.
[3] Römer war Kommandeur des 1.Voigtländ.-Neustädtischen Landwehr-Bataillons

Anweisung zur Ladung und Chargirung mit Gewehren ohne cylindrische Ladestöcke und ohne conische Zündlöcher.

Habt Acht! Ploton soll laden!
Ladt!

(Reglement: Auf das Kommando Ladt! läßt die linke Hand das Gewehr sinken, indem die rechte es über der Pfannfeder ergreift und vor den Leib bringt; die linke umfaßt es zwischen dem zweiten und dritten Bunde mit angelegtem Daumen, und drückt es links der Koppelschnalle dergestalt an den Leib, daß die Mündung nahe gegen die Brust und der Kolben an den linken Unterschenkel, wie es im zweiten Tempo No. 13 vorgeschrieben ist, zu liegen kommt; zugleich wird mit dergestalt verwendeter rechter Hand , daß das Innere derselben auswärts sey, und zwar durch Aufhebung des Deckels in seiner Mitte, von unten herauf in die Patronentasche gefahren, eine Patrone ergriffen, solche zum Munde zwischen die Zähne gebracht, bis auf das Pulver abgebissen, und mit umgekehrter Hand in die Mündung gesetzt, wobei der Kopf etwas gebückt wird, um ohne Zwang völlig in die Mündung sehen zu können.

Die rechte Hand giebt hierauf einen kurzen Schlag an die Mündung, damit das Pulver um so leichter aus der Hülse laufen könne, ergreift mit dem Daumen und eingeknippenen Zeigefinger, auch völlig erhobenem Ellenbogen den Ladstock, schnellt ihn mit einem Wurfe heraus, ergreift ihn mit gestrecktem Arme in seiner Mitte, setzt ihn in den Lauf ein, stößt ihn zweimal kurz hinter einander derb auf die Patrone auf, schnellt ihn sodann mit einem Wurfe wieder heraus, ergreift ihn mit gestrecktem Arme in seiner Mitte, setzt ihn dermaßen in die Ladstockdille ein, daß er die eisernen Bunde ungehindert passiren könne, und wirft ihn mit einem kurzen Stoße völlig an seinen Ort. Zugleich erhebt die linke Hand das Gewehr, indem die rechte es über der Pfannfeder ergreift, und den Kolben an die linke Hüfte setzt, die linke Hand aber hinwieder den Kolben nach der Vorschrift zum Gewehrschultern erfaßt und es in die zum Schultern vorgeschriebene Lage bringt, wobei die rechte Hand geschwind weg und auf die Seite fällt, auch alle diese Griffe kurz aufeinander folgen, und mit einander verbunden sein müssen.

Zur ersten Anweisung sowohl, als auch in der Folge zu besserer Uibung des Mannes und zu mehrerer Uibersicht, ob er alle Griffe mit der gehörigen Ordnung mache, wird mit Zählen, und zwar in vier aushaltenden Tempos, folgendermaßen geladen, jedoch bei dieser Gelegenheit, nach dem ersten Avertissement zur Ladung, das Avertissement gegeben:)

Es wird gezählt!

Ladt!

(Reglement: Auf das Kommando <u>Ladt!</u> Wird das Gewehr zur Ladung herunter genommen, wie es vorher beschrieben worden; die Patrone wird zugleich nach der Vorschrift ergriffen, abgebissen

und in die Mündung gebracht, wo die rechte Hand mit erhobenem Ellenbogen auf derselben ruhen bleibt.)

Die linke Hand wendet das Gewehr einwärts, die rechte ergreift es mit voller Faust in der Dünnung, und bringt es nach der rechten Seite, während die rechte Schulter zurückgenommen und der rechte Fuß eine viertel Elle zurückgesetzt wird, die linke Hand aber das Gewehr ohngefähr eine Hand breit über dem Schloße mit angelegtem Daumen umfaßt.

Der Kolben kommt an die rechte Hüfte zu liegen, und der linke Daumen ungefähr dem Munde gleich. Das Gewehr erhält dadurch eine aufwärts gerichtete schräge Lage. Die rechte Hand stößt hierauf mit dem Daumen die Batterie auf, geht in die Patronentasche, ergreift eine Patrone, beißt ab, schüttet Pulver auf die Pfanne, schließt die Pfanne mit dem 4. und 5. Finger, während die Patrone mit den 3 übrigen Fingern fest zugedrückt wird, giebt dem Gewehr in der Dünnung einen Druck unterwärts, worauf die linke es in die vorgeschriebene Lage zur Ladung bringt. Die Front wird unter Beisetzung des rechten Fußes wieder hergestellt, und die Patrone in den Lauf gebracht, wo die rechte Hand mit erhobenem Ellbogen verbleibt.

Eins!

(Reglement: Auf <u>Eins!</u> giebt nunmehr die rechte Hand den vorgeschriebenen Schlag auf die Mündung, schnellt den Ladstock mit einem Wurfe

heraus, ergreift ihn in seiner Mitte, und setzt ihn mit gestrecktem Arme in die Mündung ein.)

Wie bisher, nur daß der Ladestock, nachdem er herausgezogen und gewendet worden ist, mit dem oberen Ende in die Mündung gesetzt wird.

Die rechte Hand geht an den Ladestock nach der Vorschrift herauf.

Zwey!

(Reglement: Auf <u>Zwei!</u> wird der Ladstock durch zwei derbe Stöße zweimal auf die Patrone aufgesetzt, durch einen Wurf wieder herausgeschnellt, in der Mitte ergriffen, und mit getrecktem Arme in die Dille eingesetzt.)

Bleibt unverändert, jedoch wird der Ladestock nach dem herausziehen aus der Mündung wieder gewendet, und mit dem unteren Ende in die Dille gesezt.

Drey!

(Reglement: Auf <u>Drei!</u> Wird der Ladstock an seinen Ort geworfen, und das Gewehr nach obiger Vorschrift, und mit einem derben Schlage der linken Hand an den Kolben, geschultert.)

Wie gewöhnlich.

Habt Acht! Mit dem Ploton_zu chargiren!

Chargirt!

Es wird gezählt!

Ploton! Fertig!

An! Feuer! ___ G'laden!

(Reglement: Nachdem nun das Avertissement gegeben worden ist, in welchen Abtheilungen chargirt werden soll, als z.B.
<u>Mit Plotons zu chargiren!</u>
so wird ferner kommandirt:
<u>Chàrgirt!</u>

Auf dieses Kommando rückt der Mann in zweiten Gliede einen starken Viertelellenschritt, der Mann im dritten Gliede aber, zwei dergleichen Schritte in gerader Richtung rechts zur Seite, wie solches beim Rechtsschließen § 11 dritten Abschnitts vorgeschrieben ist, und ohne von der Standlinie abzukommen, damit die Glieder wie vorher wohl auf einander geschlossen bleiben.

Es folgt das Avertissement:
<u>Plotòn!</u>

dann aber das kurze Kommandowort:
<u>Fert'g!</u>

auf welches, wie folgt, verfahren wird:

Im ersten Glied wendet der Mann das Gewehr mit der linken Hand nach dem Leibe zu, und läßt den Arm gestreckt sinken; zugleich faßt die rechte Hand in die Dünnung, und zieht mit Hülfe der linken Hand, welche das Gewehr unter dem vierten Bunde, mit aufwärts angelegtem Daumen, wieder umfaßt, zur Erde nieder, daß der Kolben neben der linken Gamaschenstrippe in der Entfernung einer Hand breit stehe, der Lauf nach dem Gesichte gewendet sey, und der linke Arm auf dem linken Knie liege. Zur gleichen Zeit wird, mit völliger Zurücknehmung des Körpers, der rechte Fuß in gerader Linie, doch mehr einwärts nach dem Leibe zu, als auswärts, damit der Mann keinen Schaden nehmen, auch bei dem linken Fuße des Hintermannes im zweiten Gliede um so bequemer vorbeikommen könne, lebhaft zurückgebracht, und das Knie dergestalt auf die Erde gesetzt, daß der linke Unterschenkel senkrecht stehe, auch der Leib gerade aufgerichtet sey; der Absatz des rechten Fußes ist in die Höhe, und die Zehen sind dermaßen gebogen und vorwärts in die Erde eingestemmt, daß der Mann damit beim Aufstehen, ohne den Körper vorzuneigen, einen Druck in den Boden, und dem Körper um so leichter einen Schwung geben könne; die Spitze des linken Fußes wird einwärts gedreht, daß sie gerade aus gerichtet sey, jedoch ohne daß der Absatz von der Stelle komme; die rechte Hand erfaßt endlich mit dem Daumen und eingebogenen Zeigefinger die große Hahnschraube, und spannt, mit einem Ruck unterwärts, den Hahn; die Hand bleibt an der Hahnschraube; das Gewehr steht senkrecht; das Auge ist gerade aus.

Im zweiten Gliede wendet und bringt der Mann das Gewehr so vor das Gesicht, wie es im ersten Tempo No.11 geschieht; nur daß sodann der Daumen der rechten Hand mit erhobenem Ellenbogen, durch einen Ruck unterwärts, den Hahn spannt, wobei der Spitzfinger auf dem

Bügel, die übrigen Finger aber unter demselben zu liegen kommen, hierauf aber die rechte Hand mit an den Leib angeschlossenem Arme wieder in die Dünnung greift; zu gleicher Zeit wird der rechte Fuß eine Spanneweit gerade zurückgezogen, die Schwere des Körpers bleibt aber auf dem linken ruhen, dessen Spitze sich etwas einwärts wendet, um den niederfallenden Vordermann im ersten Gliede nicht zu hindern; das Gewehr stehet senkrecht und wird hauptsächlich durch die rechte Hand getragen; das Auge ist gerade aus.

Im dritten Gliede verfährt der Mann, wie der im zweiten, nur daß er den rechten Fuß nicht gerade, sondern eine Spanne weit rechts rückwärts setzt, den linken aber unverwendet stehen läßt.

<u>*An!*</u>

Auf dieses Kommandowort zieht die rechte Hand das Gewehr mit einem starken Rucke aufwärts nach der rechten Schulter, daß die Mündung schnell herunterkomme, und die linke Hand das Gewehr, mit natürlich ausgestrecktem Arme, bei dem vierten Bunde auffange und umfasse. Der Mann im ersten Glied giebt zwar den ersten Ruck aufwärts mit der rechten Hand an den Hahn, greift aber hierauf schnell in die Dünnung; der Kolben wird fest an die rechte Schulter angedrückt, jedoch ein wenig links gewendet, damit der rechte Nebenmann durch den aus dem Zündloche kommenden Feuerstrahl nicht getroffen werde, und der Kopf so auf den Kolben aufgelegt, daß der Mann mit dem rechten Auge Gruppe und Korn in eine Linie fassen, und mit völlig horizontal liegendem Gewehr, daß nehmlich Mündung und Schwanzschraube desselben in gleicher Höhe von der Erde sind, zielen könne. Zugleich wird der Spitzfinger an den Abzug angelegt; im zweiten und dritten Gliede ist das linke Knie gekrümmt und der Oberleib etwas vorgelegt.

Die Gewehre liegen gliederweise in einer Linie, damit kein Mann höher oder tiefer als der andere, sondern alle völlig horizontal anschlagen. Der Mann faßt den Gegenstand, nach dem er zielt, wohl ins Auge; seine Aufmerksamkeit aber ist auf die Stimme desjenigen, der ihn kommandirt gerichtet.

Feu'r!

Mit diesem kurz und lebhaft auszusprechenden Kommando wird mit dem rechten Zeigefinger dem Abzuge ein Druck gegeben, und dadurch das Gewehr abgedrückt, ohne jedoch weder den Kopf, noch das Gewehr zu verrücken, und die Stellung im Mindesten zu verändern, bis in einem Zwischenraume, als etwa nöthig ist, um das Wort Eins in Gedanken auszusprechen, das Kommando gegeben wird:

G'laden!

Hierauf springt der Mann im ersten Gliede schnell auf, indem er den rechten Fuß eine Spanne weit hinter den linken setzt, ohne jedoch den Absatz des letztern von der Stelle zu bringen. Jeder Mann aber zieht das Gewehr, ohne seinen Körper zu verwenden, mit beiden Händen so nach der rechten Hüfte zurück, daß es in dieselbe Lage komme, als im zweiten Tempo No.11 des Flachnehmens vorgeschrieben ist; zu gleicher Zeit greift die rechte Hand mit erhobenem Ellenbogen dergestalt in das Schloß, daß der Daumen die große Hahnschraube, die ersten zwei Finger aber den Pfanndeckel umfassen, und durch einen lebhaften Ruck, jener den Hahn in die Mittelruhe setze, diese aber zugleich die Pfanne schließen, ohne daß jedoch der Hahn überrissen werde; der Kopf ist etwas geneigt, um beobachten zu können, ob das Gewehr losgegangen sey, auch ob der Hahn nicht überrissen und die Pfanne wohl geschlossen werde; hierauf greift die rechte Hand schnell und nur so lange in die Dünnung, um das Gewehr durch einen Druck zur Ladung herum zuwerfen, gleich dem zweiten Tempo No.13; sie fährt aber, während daß die linke Hand das Gewehr völlig in die Lage zur Ladung, nach Vorschrift No.16, bringt, in die Patronentasche, worauf alles Weitere zur Ladung, nach der obenerwähnten Vorschrift No.16, pünktlich beobachtet wird.)

Ebenfalls nach der bisherigen Vorschrift, nur daß beim Herausziehen jeder Mann sein Gewehr wieder in die schräge Lage bringt, wie bei Ladt! vorgeschrieben worden ist, den Hahn mit dem rechten Daumen und Zeigefinger in die Ruhe sezt, die Patrone ergreift, usw.

Eins! Zwey! Drey!

Bleibt mit Ausnahme der vorbenannten Abänderung unverändert.

৪০ ✱ ০৪

IX. Vorschrift nach welcher bei dem 5ten und 6ten Regiment der Sächsischen Landwehr das Tiraillieren anzuweisen ist.

Wenn eine halbe Division zum Tiraillieren vorrücken soll, so commandirt der Bataillons-Commandant:

Erste_achte_halbe Division! – oder welche er sonst vorrücken lassen will – Zum Tiraillieren!

Auf dieses Commandowort nimmt die Mannschaft das Gewehr zur Seite rechts, und zieht das Bajonett ab. Ferner:

Vorwärts Marsch!_Marsch!

Hierauf rückt die Mannschaft laufend 20 Schritte grade vor, und macht auf das Commando des Zugs-Commandanten Halt.

Ist es nicht anders befohlen, so formirrt ein hierzu bestimmter Unteroffizier das 3te Glied sogleich hinter der vorgerückten ½ Division in zwey Gliedern zur Reserve, und das 1ste und 2te Glied debandirt sich ganz auf die Art und Weise, wie es pag. 39 § 28 im Sächs. Reglement für die leichte Infanterie, wenn das 1ste und 2te Glied zusammen vorrücken soll, selbigem vorgeschrieben ist. Soll nun aber das 3te Glied keine Reserve formiren, sondern mit dem 1sten und 2ten zugleich zum Tiraillieren vorrücken; so läßt es der Unteroffizier durch links um auf den linken Flügel der halben Division rücken und formirt es daselbst, - doch dergestalt, daß deßen Hälfte des rechten Flügels in erste, und die des linken Flügels in zweyte Glied zu stehen kommt – durch Rechts um in 2 Glieder, worauf sich dann die ganze halbe Division, nach obiger Vorschrift debandirt.

Das Sammeln wird ganz nach Vorschrift des Reglements bewirkt, und das 3te Glied rückt wieder auf seinen Platz. Auch ist bei der Chargirung nichts abzuändern, nur will ich hier erinnern daß:

a) es der Mannschaft recht begreiflich gemacht werden muß, wie jedesmal 2 und 2 Mann unzertrennlich sein, und sich dergestalt unterstützen müßen, daß unausbleiblich immer einer von ihnen geladen haben muß, bevor der andere feuert.

b) scharf darauf gehalten werde, daß die Mannschaft des 2ten Gliedes beim Debandiren nie hinter die im 1sten Glied stehende, sondern allezeit zwey starke Schritte seitwärts trete, und während der Chargirung sich immer in dieser Entfernung erhalte, weil außerdem öfters 2 Mann durch einen feindlichen Schuß getroffen werden können.

Die Signale bleiben ganz die welche der Linieninfanterie mit der Trommel vorgeschrieben sind.

Von Bewegungen ist der Mannschaft blos anzuweisen: Avanziren
Retiriren
der Marsch mit der Wendung und das Vornehmen eines Flügels

Uiberdies ist es ein Hauptgegenstand, der Mannschaft bei Tiraillieren die Benutzung des Terrains recht begreiflich zu machen und ihr anzuweisen wie sich einzelne Leute wenn sie von Cavallerie angefallen werden, zu truppiren haben.

Dresden am 24 Februar 1814
Carl August Bose
Generalmajor

ಜ ✹ ಣ

An sächsischen Reglements und Instruktionen sind in dieser Reihe bisher erschienen:

No.11 Allgemeine Dienstregeln für die Unterofficiers der Churfürstlich Sächsischen Infanterie vom Jahre 1802

No.17 Unterricht für die Scharfschützen bey der Churfürstlich sächsischen Infanterie vom Jahre 1804 (Reglement)

No.18 Reglement für die Königlich Sächsische leichte Infanterie zu den Uebungen außer der geschlossenen Ordnung vom Jahre 1810

No.24 Sammlung von Instruktionen der königlich sächsischen Armee 1810 – 1813 (Teil I)

No.25 Sammlung von Instruktionen der königlich sächsischen Armee 1810 – 1813 (Teil II)